Jackie Niebisch

Deutschland, ein Bundeskanzlerpunkermärchen

Die Wenigsten wissen es, aber es ist wahr – die Parteien bekommen für jede Stimme einen bestimmten Betrag. Wenn du dich als Bürgermeister bewirbst – auch ohne entsprechende Ausbildung, kannst du die etwas dazu verdienen. Irgendjemand wählt dich bestimmt. Doch ist nur, wenn du die Stimmenmehrheit bekommst.

Die Deutsche Bibliothek – CIP-Einheitsaufnahme
Niebisch, Jackie:
Deutschland, ein Bundeskanzlerpunkermärchen / Jackie Niebisch
1. Aufl. – Kiel: Achterbahn AG
ISBN 3-89719-041-9

Achterbahn AG
Werftbahnstraße 8, 24143 Kiel
www.achterbahnAG.de
Druck: DZA Druckerei zu Altenburg
Umschlaggestaltung: Eckstein & Hagestedt, Kiel
Layout / Satz: P.S. Petry & Schwamb Verlagsdienstleistungen, Emmendingen

Printed in Germany
1. Aufl. 2000
ISBN 3-89719-041-9

© Achterbahn AG. Alle Rechte beim Autor.

Jackie Niebisch

Deutschland, ein Bundeskanzlerpunkermärchen

Berlin, Berlin, du große Stadt
die vier kleene Punker hat.
Amadeus, Alex, Hübi, Pinke,
grüne Haare, bunte Schminke.

Geplant: Ne geile Hauptstadtfete.
Problem: Sie haben keine Knete!

Deshalb gründen frank und frei
sie die kleene Punk Partei,
für jede Stimme gibts 5 Mack
macht pro Wähler 'n Sechserpack.
Zumindest bei Aldi.

Ihr müsst wissen, liebe Kiddies,
für jede Wähler-Stimme bei der
Bundestagswahl gibts ungefähr
5 Mark, Wahlkampfkostenerstattung,
nicht schlecht, wa?

Um sich möglichst viel zum Saufen
zu kaufen,
machen sie so richtig Dampf
gehn voll in den Nahwahlkampf.

Probiern's nach altbekannter Sitte,
erklären sich zur neuen Mitte.

„Wir schließen, und zwar nicht zu knapp,
'n Bündnis für die Freizeit ab!"

Und als Krönung ihr Programm:
„Det Volk sollet dufte ham!"

Doch sorry,
trotz allergrößter Mühe:

geht die Wahlprognose
für die Punkies in die Hose:
Nur 4 Stimmen weit und breit
werden ihnen profezeit.

Doch halt!

...noch ist nicht alles verloren, denn:
Ist die Wählerstimmung schlecht,
hilft H@ckie, der Computerspecht!

„He H@ckie, schleus mal 'ne Bakterie
in die Bundeswahlmaterie!"
Wär doch echt 'n coolet Ding,
wenn wa 5 Promille bring."

Gesagt, getan, gehickt, gehackt,
mal schnell den Zugangscode geknackt.
Ein paar Viren angehäuft
und in das Programm geschleust.
„Wolln ma kieken, wat passiert,
wenn der Reichstag infiziert
is..."

Die Sensation:

Bundestagswahl. Sonntagabend,
alle schauen sehr erhabend,
vertrauend auf sein Wählerglück
lehnt sich Gerd enspannt zurück.
Nichtsahnend zündet er sich dann
schnell noch 'ne Havanna an.

Rrrrrums! Da geht die Hochrechnung los!
Die Zijarre is echt groß,
die er jetzt bekommt verpasst.
Nie ward jemand so gechasst!

Gerhards Face wird blass und blässer,
Joschkas Schweiss nass und nässer.
Beide schauen traurich drein,
fangen öffentlich zu wein'
an.

Auch die Forschungsgruppe Wahlen
leidet allererste Qualen:
Was für ein Auszähl-Erlebnis!
Das durchgeknallteste Ergebnis.
Eine politisch neue Kraft
hat den puren Wahn geschafft!
90 komma drei Prozent!
Soviel?
Für wen?
Für die Partei, die keiner kennt.
Die sich kleene PuP jetzt nennt.

ZDF kommt schwer ins Stottern,
ARD kriegt ooch 'n Schreck.
Selbst den RTL-Repottern
bleibt die feuchte Spucke weg.

Im Reichstag und im Kanzleramt
regiert von jetzt ab voll der Punk!

Die neue Sitzverteilung nach der letzten
Hochrechnung sieht folgendermaßen aus :
465 Sitze für die Kleene PuP,
4 Sitze CDU/CSU,
3 Sitze SPD,
die Grünen erhalten einen aufklappbaren Hocker.

FDP und PDS teilen sich den Abwasch,
die Treppenreinigung und Fensterputzen
incl. der neuen Glaskuppel.
Wir melden uns wieder
mit ersten Auswertungen zur Wählerwanderung...

„Also icke bin der Meinung
soville Stein
det muss nich sein.
Demokratie, sag ick ma weise,
tendiert echt mehr zu Leichtbauweise."

Amadeus Kanzler-Held
ist jetzt Mittelpunk der Welt:

Clinton: „Hey man, that was great!"
Chirac and Blair fragn wie's geht.

Gerhard beißt die Zähne z'sammen,
die so manches schon zermalmt,
gratuliert dem neuen Kanzler,
dass ihm fast der Kiefer qualmt.

Und auf die tausendfache Frage
„Herr Schröder,
was sagen Sie zu Ihrer Niederlage?"
lächelt er wie ein VW:
„Ach wissen Sie, das tut schon weh,
aber im übrigen ist das ein ganz normaler
demokratischer Vorgang, ganz normaler
demokratischer..."

„Einen Moment bitte..."
„Wann geben Sie Ihre erste Regierungserklärung ab?"
„Ist es wahr, dass Sie den
Reichstag in Sozialtag umbenennen wollen?"
„Stimmt es, dass Sie ihn sogar abreissen wollen?
Was bedeutet die Abrissbirne?"

Dazu gehört natürlich auch
der Flugzeug-Übergabe-Brauch.
Was Joschka in der Seele schmerzt,
weil, an dem Flieger hängt sein Herz.
Doch nach verlor'ner Wahl ist eben
die Maschine abzugeben.
Mit ganzem Kilometerstand
und bis oben vollgetankt:

„Tapedeck und CD-Player
scheint allet o.k. zu sein,
bitte hier unterschreiben...

Außerdem vereinbart:
roter Teppich schön gesaugt,
Bad und Gäste-Klo gelaugt.
Frische Küche und dazu
eine ausgeschlafne Crew.

Und damit wa uns nich stressen,
sieben dufte Stewardessen."

Unser Außen-Ex-Minister,
armer Jung, ganz traurig ist er.
Wie manche seiner grün' Kumpan
muss er wieder Taxi fahrn.
Vom Trinkgeld seiner Gäste leben,
mal Quittung und mal keine geben.

Auch Gerd ist psychisch total down,
ruft Joschka an: „Lass uns abhaun!"

In den Straßen von Berlin
hat man sie zuletzt gesehn...
Besonders da wo Brücken sind,
den Orten, wo man trockner trinkt.

Doris suchte nächtelang
immerzu nach ihrem Mann.
Männerwohnheim, Bahn-Asyl,
kein Weg war ihr zuviel.

Selbst am Müllabladeplatz
kramte sie nach ihrem Schatz.
Endlich bei der Brücke 3
tut sie ihren Freudenschrei:

„Gerd, mein langvermisster Schatz,
was machst du hier an diesem Platz?"

Gerd lallt:

„Doris la-lass mich dich erklären bi-bitte,
wat du hier siehst, is die neue Mi-Mitte…,
links det is Pullover-Otto,
rechts von mi-mir der Klimper-Kutte…"

Doris rüttelt, zieht und zerrt
an ihrem weggeschnarchten Gerd.

Wach auf wach auf
du glaubst es kaum
wach auf wach auf
es war ein Traum!

Bei den meisten Katastrofen
ist das richtig Schöne dran,
dass man hinterher erleichtert
aus den Federn steigen kann.

Schweißgebadet doch saufroh
sprintet Gerhard Richtung Klo,
kackt erst einmal richtig ab,
nimmt ein richtig langes Bad.
Und rasiert sich seinen Bart
für'n neuen Kanzlertag.

Die kleene PuP löst sich im Verlauf
der Tagesrealität wieder auf.

War halt bloß 'n Traum.

Doch nächstes Mal
bei der Bundestagswahl
könnte sie, wie hier geschehn,
plötzlich wieder auferstehn...

Es ist ein Punk entsprungen!

Amadeus ist voll im Weihnachtsstress: Das Punkkrippenspiel macht Probleme. Und was schenkt man der Oma? Einen selbst abgebrochenen Mercedesstern gab's schon im letzten Jahr. Der Versuch, das Ganze noch zu übertreffen endet allerdings in einem flammenden Vorweihnachtsinferno...

Advent, Advent, ein Plätzchen brennt...
64 Seiten, ISBN 3-89719-038-9
DM 19,80 / öS 145,00 / sFr 19,80

Geld sparen, Schwarzfahren!

Amadeus, der kleene elternlose Punker aus Berlin, und seine Kumpel haben es nicht leicht: Denn Schaffner, Polizisten und brave Bürger haben meist kein Verständnis für Schwarzfahren, Schnorren oder für die Punkmusik der NETTEN VERSUMPFTEN JUNGS AUS DER HÖLLE – erst recht, wenn die Band mit geklauten Instrumenten spielt.

Der kleene Punker aus Berlin
64 Seiten, ISBN 3-89719-037-0
DM 19,80 / öS 145,00 / sFr 19,80

Happy Birthday, dear Dschieses!

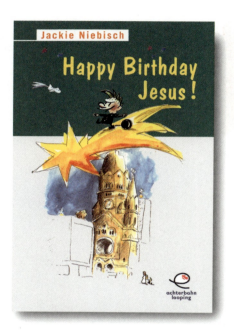

Kaum zu glauben, aber wahr: Beim Schnorren im vorweihnachtlichen Berlin trifft Amadeus, der kleene Punker, auf Jesus und hilft ihm durchs moderne Weihnachtschaos. Das verhindert aber nicht, dass die beiden „Freaks" aus der Gedächtniskirche geworfen werden und wegen Schwarzfahrens im Kittchen landen. Aber das ist längst noch nicht alles...

Happy Birthday Jesus!
64 Seiten, ISBN 3-89719-039-7
DM 19,80 / öS 145,00 / sFr 19,80

Lasst uns froh und bunter sein!

Heiligabend und mal wieder völlig pleite: Geld muss her, aber wie? Amadeus und seine Punkerkumpel gründen die „Erste Alljemeine Berliner Bescherungs-Truppe" und sorgen als Mietweihnachtsmänner für ultimatives Bescherungschaos.

Die kleenen Weihnachtspunker
64 Seiten, ISBN 3-89719-040-0
DM 19,80 / öS 145,00 / sFr 19,80

Es gibt noch mehr Bücher von Jackie Niebisch:

Die Schule der kleinen Vampire
Die Prüfung

Ein großer Tag im Leben der kleinen Vampire steht bevor: Die Prüfung zum Vampitur, auch "Mittlere Blutreife" genannt.

96 Seiten. ISBN 3-473-34991-7
DM **16,80**/öS 123,-/SFr. 16.80

Die Schule der kleinen Vampire
Der falsche Vampir

Richtig schön gruselig muss ihr Schneemann aussehen, meinen die kleinen Vampire: Ein Gebiss muss her!

96 Seiten. ISBN 3-473-34992-5
DM **16,80**/öS 123,-/SFr. 16.80

Die kleine Fußballmannschaft
Der Schrecken der Kreisliga

Tagung vor dem Sportgericht: Die Vorwürfe gegen die kleine Fußballmannschaft gehen von A wie Angsteinjagen bis Z wie Zurücktreten.

60 Seiten. ISBN 3-473-34993-3
DM **16,80**/öS 123,-/SFr. 16.80

Jetzt bei Ravensburger!